AF498960

CATALOGUE
D'ESTAMPES
DU XVIIIe SIÈCLE

par ou d'après

ANSELIN, BARTOLOZZI, BAUDOUIN, BOILLY
BONNET, DAGOTY, DEBUCOURT
DEMARTEAU, EARLOM, FRAGONARD, HUET, JANINET
LAVREINCE, MORLAND, REYNOLDS, SAINT-AUBIN
SMITH, TAUNAY, WATTEAU, WESTALL, etc.

DESSINS

par

BOUCHER, CHARLET, COCHIN FILS
DANLOUX, H. GIACOMELLI, LANCRET, LE PRINCE, RAFFET
G. de St-AUBIN, etc.

Dont la vente aura lieu

à Paris, HOTEL DROUOT, Salle N° 6
Le Vendredi 28 Février 1908
à 2 heures précises

Par le Ministère de Me LAIR-DUBREUIL
6, Rue Favart

Assisté de M. LOYS DELTEIL, Artiste-Graveur, Expert
2, Rue des Beaux-Arts

CONDITIONS DE LA VENTE

Elle sera faite au comptant.

Les adjudicataires paieront *dix pour cent* en sus des enchères.

M. Loys Delteil remplira les commissions que voudront bien lui confier les amateurs ne pouvant y assister.

MM. les amateurs pourront visiter la collection, 2, *rue des Beaux-Arts*, du Mardi 18 au Lundi 24 Février 1908 (*le Dimanche excepté*), de 2 heures à 5 heures.

Toutes les estampes et dessins de la présente vente sont encadrés

EXPOSITION PARTICULIÈRE

A L'HOTEL DROUOT

le Mercredi 26 Février 1908, de 2 à 6 heures

SALLE N° 6

et

EXPOSITION PUBLIQUE

le Jeudi 27 Février 1908, de 2 à 6 heures

Même Salle

N. B. — Le présent catalogue servira de carte d'invitation à l'Exposition particulière.

POUR PARAITRE LE 30 MARS 1908

Le Peintre-Graveur Illustré

(XIXe & XXe SIÈCLES)

par LOYS DELTEIL

TOME III consacré à INGRES et à EUG. DELACROIX

et contenant la biographie des Maîtres,

le Catalogue raisonné de leur œuvre gravé et lithographié

et le fac-similé de toutes les pièces décrites.

1 volume in-4° d'environ 220 pages, orné des portraits de INGRES et de DELACROIX, d'environ 170 fac-simile et d'une eau-forte originale de DELACROIX.

45 Exemplaires de luxe avec une eau-forte originale de DELACROIX (*Tigre couché à l'entrée de son antre*) . . . . **40** francs

300 Exemplaires avec l'eau-forte de DELACROIX. . . **22** —

100 — sans l'eau-forte . . . . **15** —

A l'apparition de l'ouvrage, le prix en sera porté, pour les exemplaires de luxe, à **50** francs, et les exemplaires ordinaires à **25** et **20** francs.

BULLETIN DE SOUSCRIPTION

(A renvoyer à M. LOYS DELTEIL, 22, rue des Bons-Enfants)

Je, soussigné, déclare souscrire à .... exemplaire

du Tome IIIe du PEINTRE-GRAVEUR ILLUSTRÉ, au prix

.... francs l'exemplaire.

Signature et Adresse :

DESIGNATION

ANSELIN (J.-L.)

1. La Belle Jardinière (Mme de Pompadour), d'après C. Vanloo.
   Très belle épreuve.

AUBRY (d'après Et.)

2. L'Innocence inspire la Tendresse, par E. Voysard.
   Très belle épreuve *avant toute lettre*, le nom seul du graveur tracé à la pointe.

BARTOLOZZI (Fr.)

3. Marie-Christine, archiduchesse d'Autriche, d'après Roslin, 1782.
   Superbe épreuve *imprimée en sanguine* (très légères piqûres).

4. Galles (Pce de), en pied, tenant un arc, d'après J. Russell, 1795.
   Superbe épreuve *imprimée en couleurs.*

BAUDOUIN (d'après P.-A.)

5. Le Carquois épuisé, par N. De Launay (E. B. 11).
   Belle et très rare épreuve du 1er état, à l'eau-forte pure ; en cet état, le carquois de l'Amour n'existe pas.

6. L'Enlèvement nocturne, par N. Ponce (20).
   Très belle et rare épreuve du 2e état, avec les noms des artistes, *sans aucunes autres lettres.*

7. *J'y vais*, par L. M. Bonnet (26).
Très belle épreuve *imprimée en couleurs* (sans marges).

8. Le Lever — La Toilette (29 et 48). Deux pièces par Massard et Ponce, se faisant pendants.
Superbes et rares épreuves *avant la lettre*.

BEAUVARLET (J.-F.)

9. Du Barry (Mme la comtesse), d'après Drouais.
Très belle et rare épreuve *avant la lettre*.

BIGG (d'après W.-R.)

10. *Sunday Morning a Cottage Family Going to Church*, par W. Nutter, 1795.
Superbe épreuve imprimée en couleurs.

11. *The Romps*, par W. Ward.
Superbe épreuve *imprimée en couleurs*, remmargée.

BOILLY (d'après L.)

12. La Crainte mal fondée — La Tourterelle chérie. Deux pièces par L.-J. Allais, se faisant pendants.
Très belles épreuves *imprimées en couleurs*.

13. L'Optique, par F. Cazenave.
Très belle épreuve, cadre ancien Louis XVI.

BONNET (L. Marin)

14. L'Amour et l'Amitié — La Peinture aimée des Grâces. Deux pièces d'après L. Lagrenée, se faisant pendants.
Superbes épreuves *tirées en deux tons*.

15. *The Amiable Family — The Amiable Society*. Deux pièces d'après Hambert.
Très belles épreuves *imprimées en couleurs*.

16. *The Danger of Sleep — The True Paternal Care.* Deux pièces d'après Ph. Caresme, se faisant pendants.

Très belles épreuves *imprimées en couleurs, cadre en or* (petites éraflures).

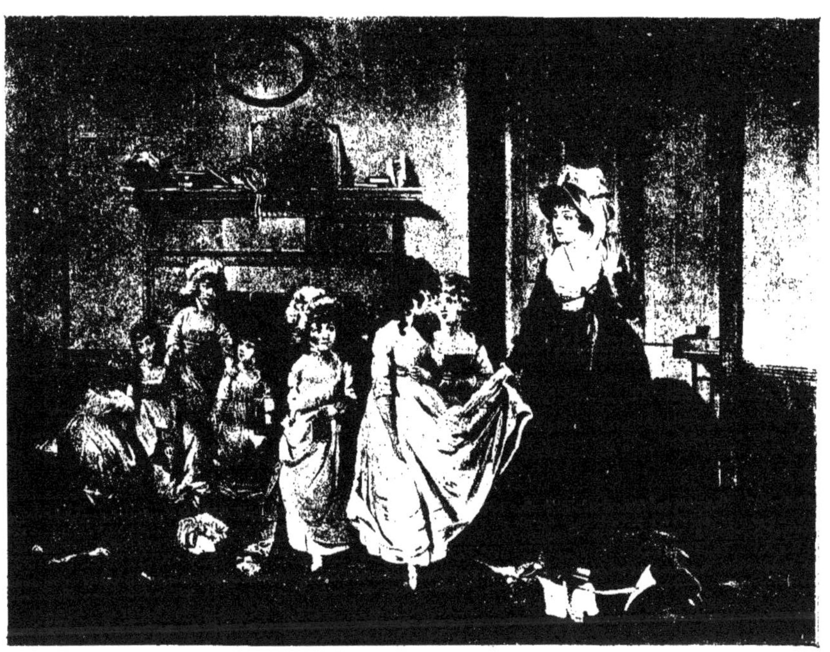

N° 11 du Catalogue.

17. *The Woman taking Coffee — The Milk Woman.* Deux pièces se faisant pendants.

Belles épreuves imprimées en couleurs, cadres tirés en or (piqûres à la seconde pièce).

BOREL (d'après Ant.)

18. La Bascule, par J. A. Léveillé.

Très belle épreuve *imprimée en couleurs.*

19. Le Bain interrompu — La Circassienne à l'encan. Deux pièces par J. A. Léveillé, se faisant pendants.
Belles épreuves *imprimées en couleurs.*

CHEVAUX (d'après)

20. Le Bon accord — La Bonne ruse. Deux petites pièces de formes ovales, se faisant pendants.
Très belles épreuves, sans aucune lettre, *imprimées en couleurs.*

COSWAY (d'après R.)

21. Madame Récamier, par A. Cardon, 1804.
Très belle épreuve imprimée en couleurs.

COUTELLIER

22. Bertinazzi (Carlin). Superbe épreuve *imprimée en couleurs, avec le cadre factice.*

DAGOTY (Louis-Gautier).

23. Marie-Antoinette, Reine de France, en grand costume de cour, d'après J. B. André Gautier Dagoty.
Magnifique épreuve d'une pièce de la plus grande rareté. Cadre à fronton, couronne royale.

DEBUCOURT (P.-L.)

24. Le Menuet de la Mariée, 1786 (M. Fenaille).
Très belle épreuve *avant les retouches, imprimée en couleurs* (remmargée sur les côtés).

25. Le Menuet de la Mariée — La Noce au Château (8 et 21). Deux pièces se faisant pendants.
Très belles épreuves *imprimées en couleurs*, remmargées (quelques légères épidermures).

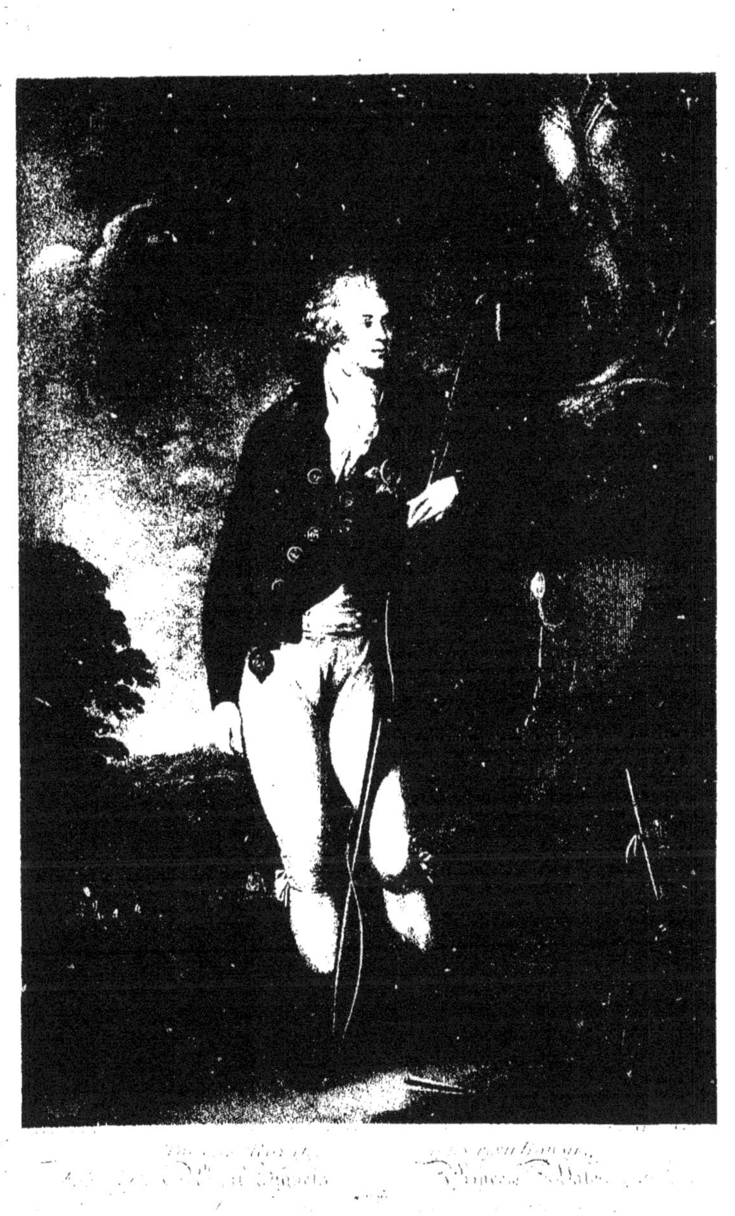

N° 4 du Catalogue.

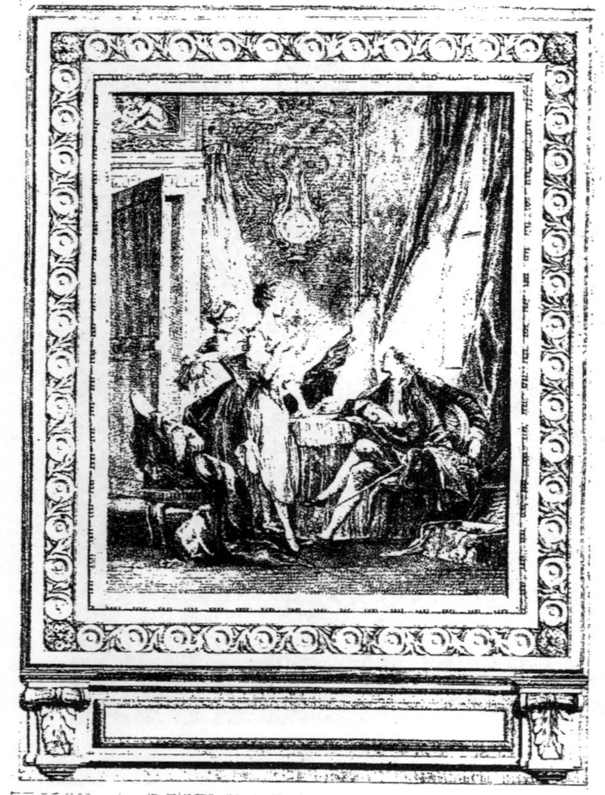

N° 8 du Catalogue.

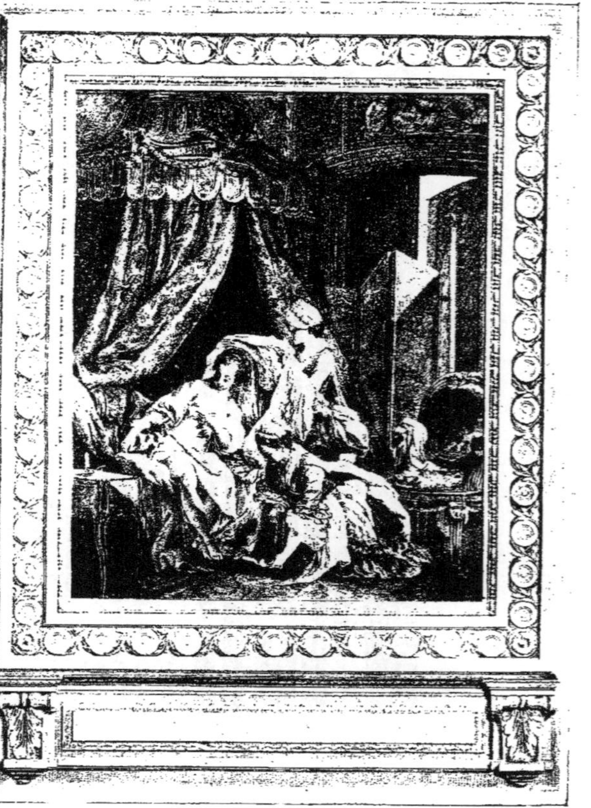

N° 8 du Catalogue.

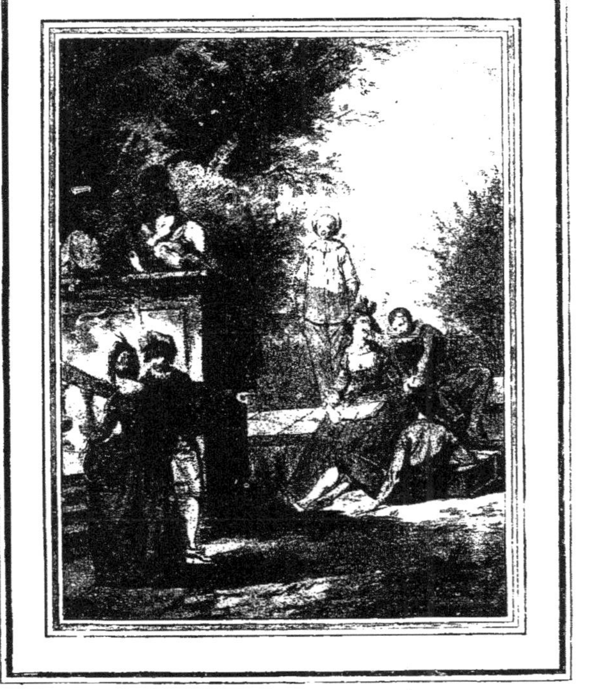

LE RENDÉ-VOUS COMIQUE

Nº 51 du Catalogue.

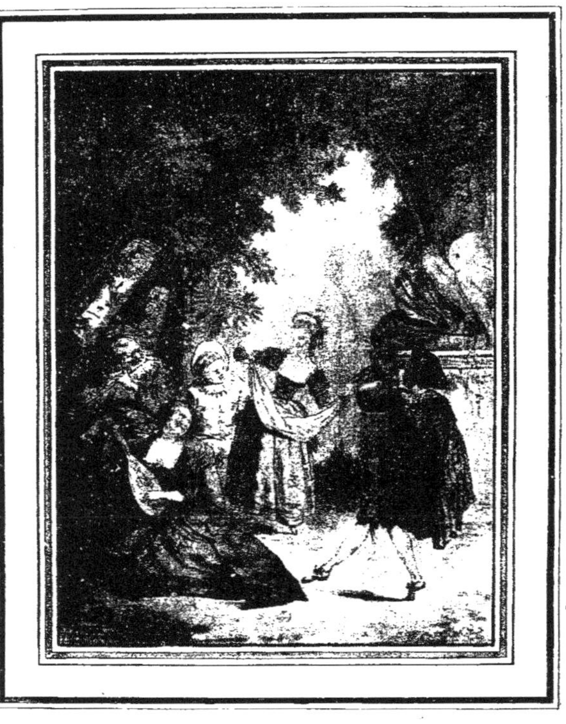

LES COMEDIENS COMIQUE

Nº 51 du Catalogue.

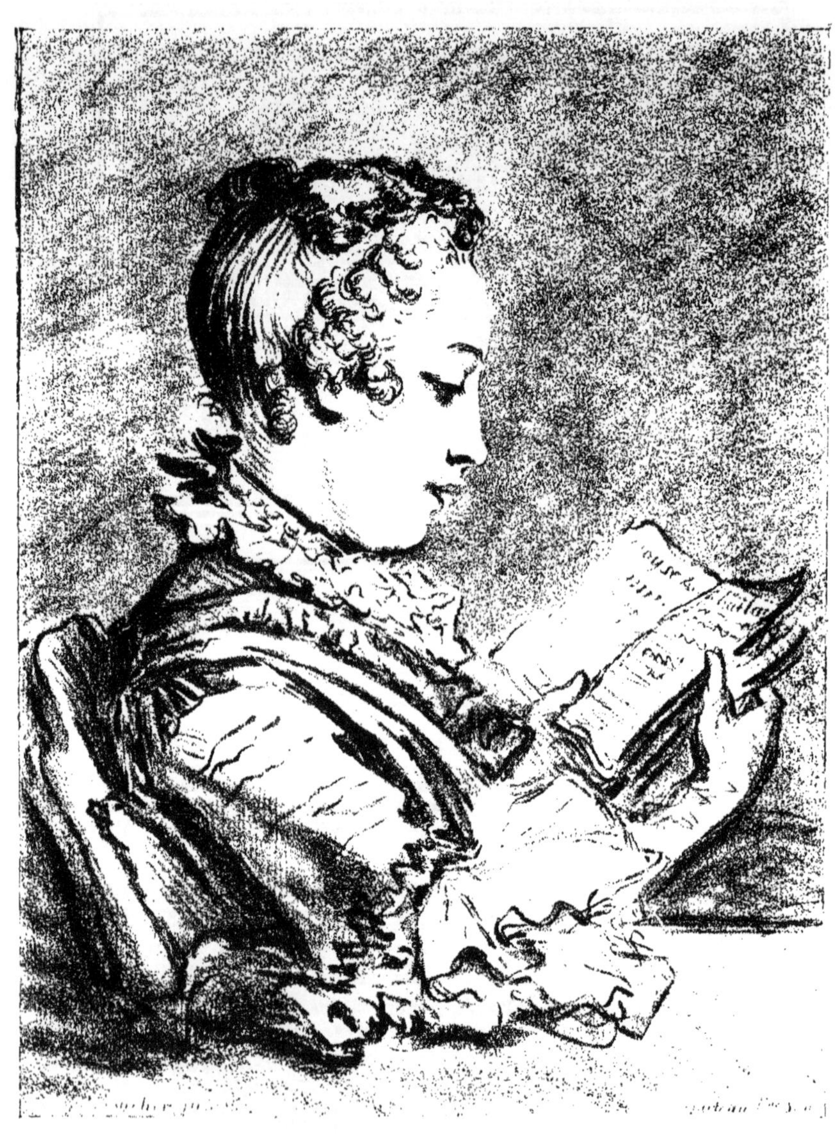

N° 32 du Catalogue.

26. La Promenade de la Galerie du Palais-Royal (11).
Très belle épreuve *imprimée en couleurs*, remmargée (la lettre retranscrite à la plume).

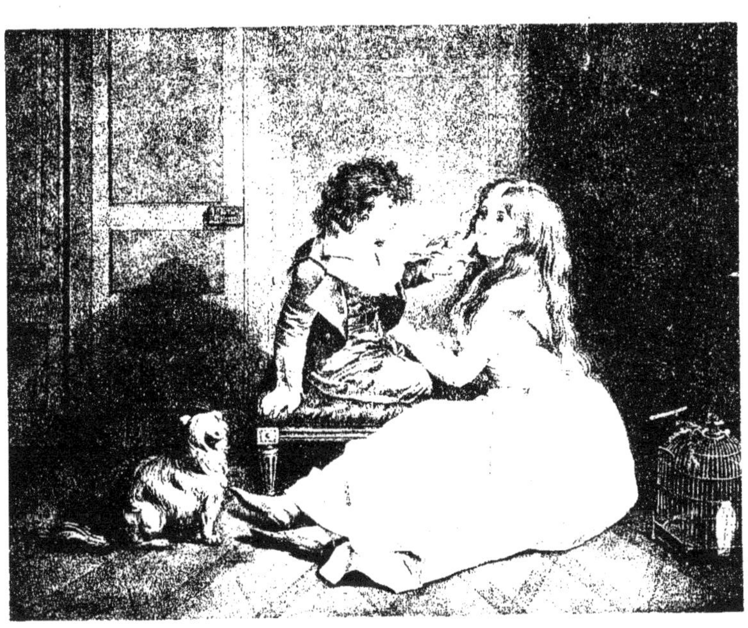

N° 12 du Catalogue.

27. L'Escalade ou les Adieux du Matin, 1787 (13).
Très belle épreuve *imprimée en couleurs*.

28. Annette et Lubin, 1789 (22).
Superbe épreuve *imprimée en couleurs, avec la date : 15 Juin 1789*. Rare.

29. La Promenade publique, 1792 (33).
Très belle épreuve, *imprimée en couleurs*, remmargée (le titre retranscrit à la plume).

DEMARTEAU (Gilles)

30. Buste de jeune Fille blonde, de profil à droite, se penchant pour embrasser une colombe, d'après F. Boucher.
Superbe épreuve aux trois crayons sur papier bleuâtre. Rare.

31. Buste de jeune Fille brune, de profil à gauche, d'après F. Boucher.
Superbe épreuve aux trois crayons sur papier bleuâtre.

32. Jeune Fille lisant l'histoire d'Héloïse et Abeilard (n° 218), d'après F. Boucher.
Superbe épreuve *imprimée en trois tons*.

33. Jeune Femme brodant, d'après L. C. de Carmontelle.
Superbe et rare épreuve, *avant toute lettre, imprimée en sanguine*.

34. Le Plaisir des Amours — L'Oiseau envolé. Deux pièces, d'après F. Boucher, se faisant pendants.
Belles épreuves tirées en 3 tons.

35. Jupiter et Sémélé — Satyre surprenant une Nymphe endormie. Deux pièces d'après Ph. Caresme, se faisant pendants.
Très belles épreuves tirées en 3 tons (très légères restaurations).

DESRAIS (d'après) ?

36. La Pudeur alarmée.
Très belle épreuve *avant toute lettre, imprimée en couleurs*.

DICKINSON (William)

37. *Friendship*, d'après C. Knight, 1783. Petite pièce de forme ovale.
Très belle épreuve, *tirée en bistre*.

DOWNMAN (d'après J.)

38. Tom Jones (The Interview of Tom Jones and Sophia, after the Reconciliation). Deux pièces par P. Simon, 1789, se faisant pendants.
Très belles épreuves *imprimées en couleurs*, remmargées.

EARLOM (Richard)

39. *A Fruit Piece — A Flower Piece*. Deux pièces d'après J. van Huysum.
Très belles épreuves.

FRAGONARD (d'après H.)

40. Dites-donc s'il vous plaît, par N. De Launay.
Belle épreuve *avant la dédicace*.

41. L'Heureuse fécondité, par N. De Launay.
Belle épreuve *avant la dédicace*.

42. Le Petit Prédicateur par Nic. De Launay.
Belle et rare épreuve *avant la dédicace*, les noms des artistes tracés à la pointe.

FREISLHIEN (d'après P.)

43. Estaing (Ch. Henry Cte d'). Vice-Amiral de France.
Très belle épreuve *imprimée en couleurs*.

GARDNER (d'après D.)

44. Miss Gardner, par Thomas Watson, 1780.
Superbe épreuve imprimée en bistre et rehaussée. Rare.

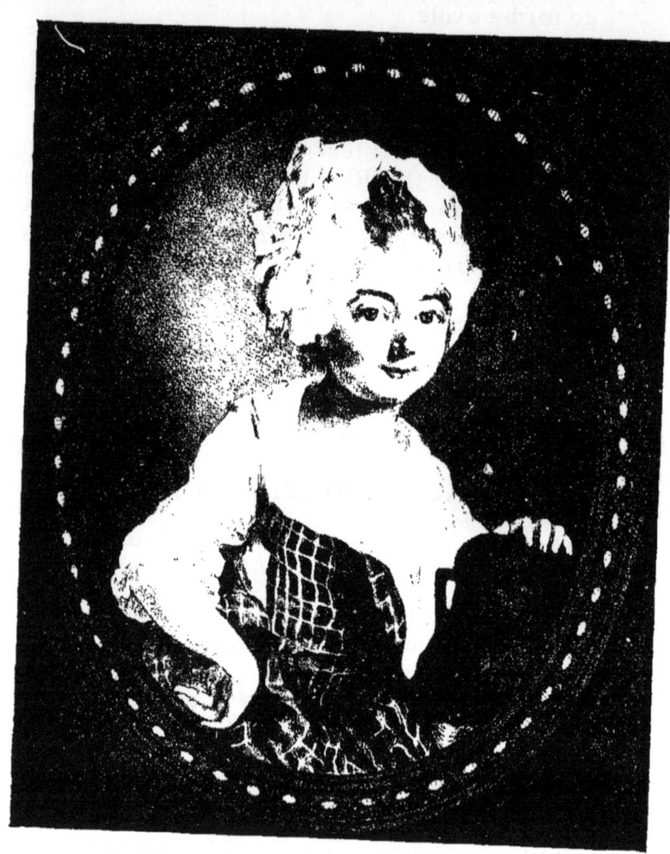

N° 17 du Catalogue.

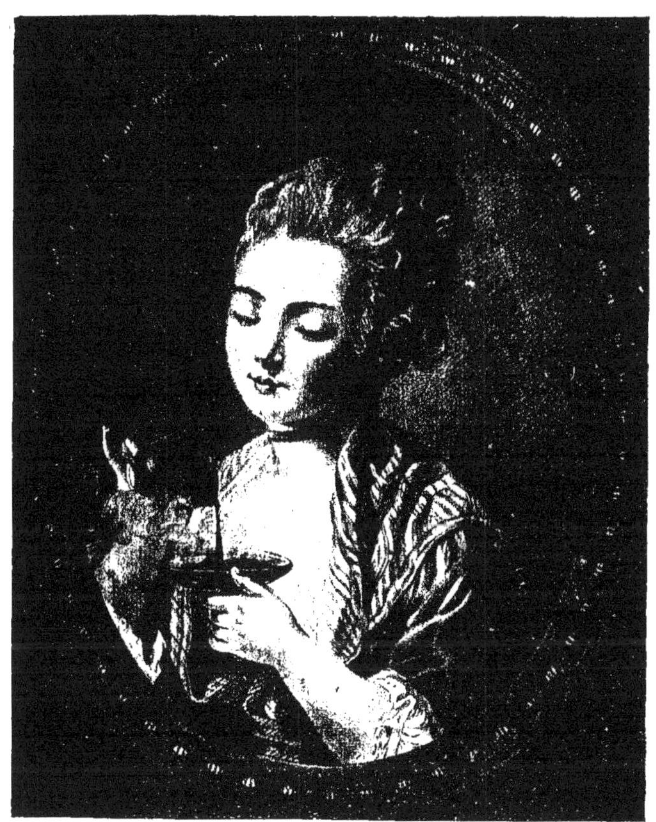

N° 17 du Catalogue.

HAMILTON (d'après W.)

45. *Bob cherry — Spinning Top.* Deux pièces par Bartolotti, se faisant pendants.
Très belles épreuves *imprimées en bistre, avant les adresses.*

HASSEN (Van)

46. *Innocence Reposing — The Happy Age.* Deux petites pièces de forme ronde, 1789.
Très belles épreuves, *imprimées en bistre.*

HOPPNER (d'après J.)

47. *Her Royal Higness Princess Mary*, par Caroline Watson, 1785.
Très belle épreuve *imprimée en bistre.*

HUET (d'après J.-B.)

48. L'Amant écouté — L'Éventail cassé. Deux pièces par L. M. Bonnet.
Superbes épreuves imprimées en couleurs.

49. Hercule et Omphale — Jupiter et Danaë. Deux pièces par G. Demarteau, se faisant pendants.
Très belles épreuves tirées en trois tons.

JACKSON (d'après)

50. Ellis (Lady Georgina Agar), par S. W. Reynolds.
Très belle épreuve *imprimée en couleurs*, remmargée.

JANINET (J. F.)

51. *Les Comédiens comique* (sic) — *Le Rendé-vous comique.* Deux pièces d'après Ant. Watteau, se faisant pendants.
Belles épreuves *imprimées en couleurs.*

52. La Noce de village — Le Repas des Moissonneurs. Deux pièces d'après P. A. Wille, se faisant pendants.

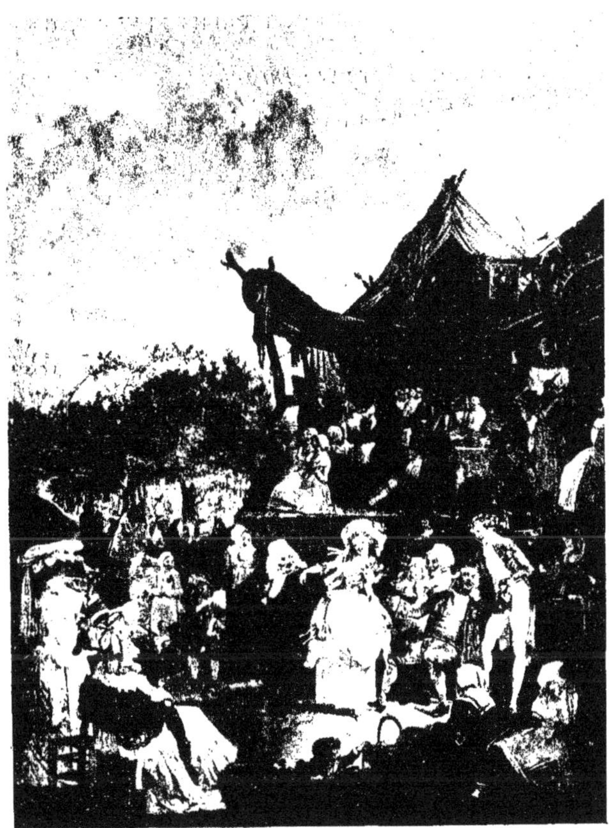

N° 25 du Catalogue.

Très belles épreuves *imprimées en couleurs* (la première remmargée au trait carré).
Cadres anciens Louis XVI.

53. *La Bacchante enyvrée — Le Satyr amoureux.* Deux pièces d'après Ph. Caresme, se faisant pendants.
Très belles épreuves *imprimées en couleurs.*

54. Colonnade et Jardins du Palais Médicis, d'après H. Robert.
Très belle épreuve *imprimée en couleurs.*

55. Restes du Palais du Pape Jules, d'apr. H. Robert.
Très belle épreuve *imprimée en couleurs.*

KOBELL (d'après W.)

56. *Tableau General de la Cavallerie Autrichienne,* par H. Mansfeld.
Très belle épreuve *coloriée.* Cadre ancien Louis XVI.

LASINIO (Carlo de)

57. Edouard Dagoty, inventeur de la gravure en couleurs, d'après Heinsius.
Magnifique épreuve *imprimée en couleurs.* Fort rare.

LAVREINCE (d'après Nicolas)

58. L'Accident imprévu — La Sentinelle en défaut (E. B. 1 et 58). Deux pièces par Darcis, se faisant pendants.
Belles épreuves *imprimées en couleurs.*

59. Ah ! laissez-moi donc voir, par Janinet (2).
Très belle épreuve *imprimée en couleurs,* remmargée.

60. L'Aveu difficile, par F. Janinet (8).
Magnifique épreuve du 2e état, *avant toute lettre, le nom du graveur à la pointe, imprimée en couleurs.*
(N. B. La robe de la jeune femme debout est bleue)

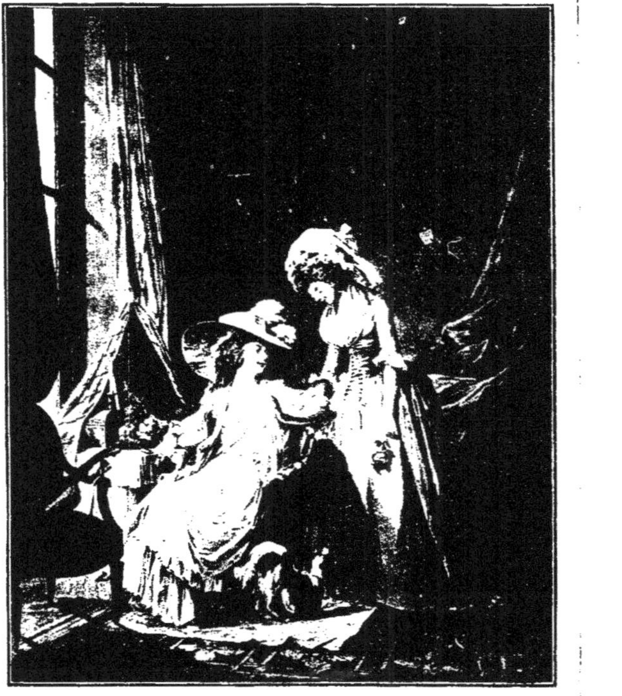

N° 60 du Catalogue.

N° 61 du Catalogue.

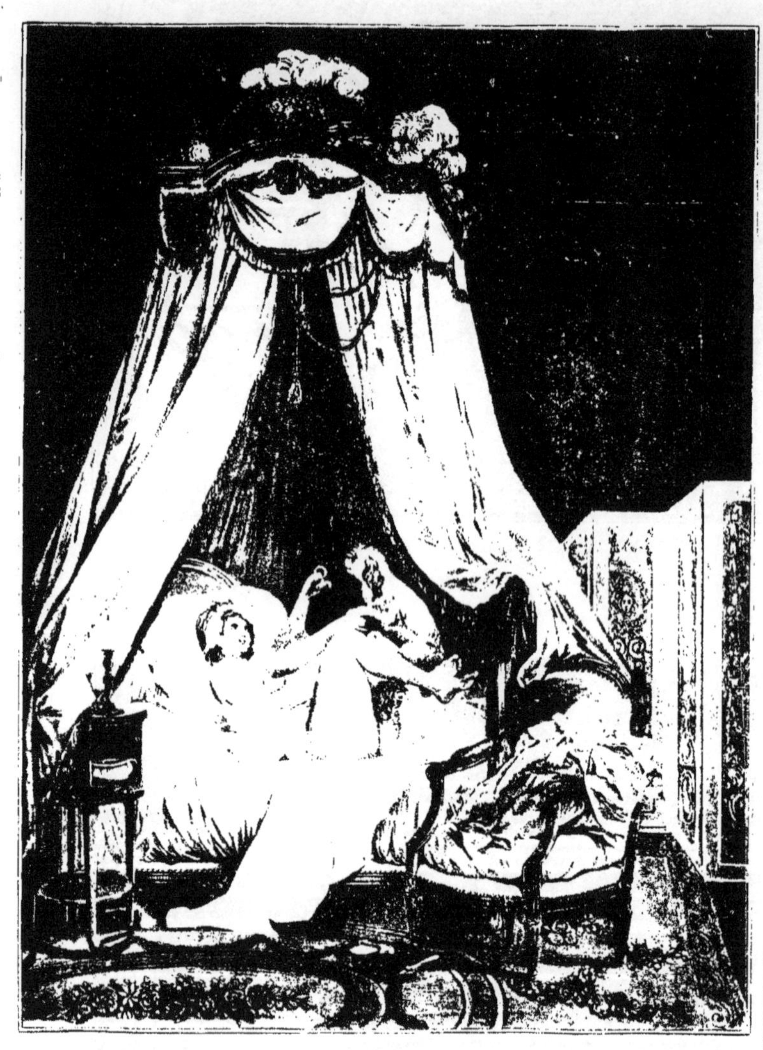

N° 60 du Catalogue.

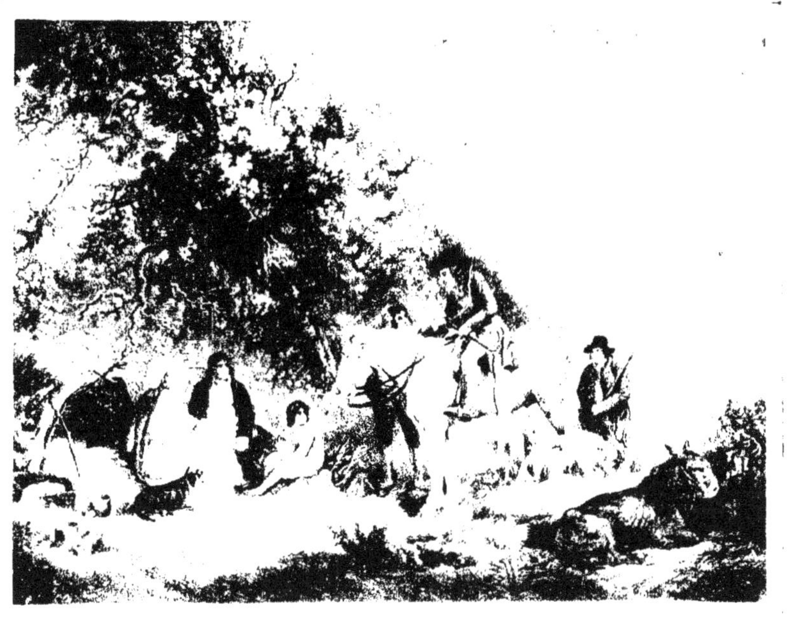

N° 70 du Catalogue.

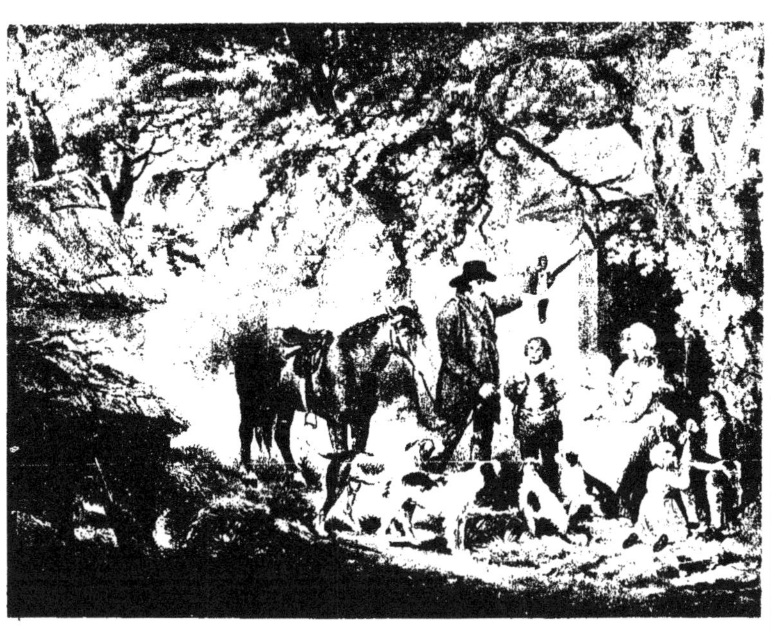

N° 70 du Catalogue.

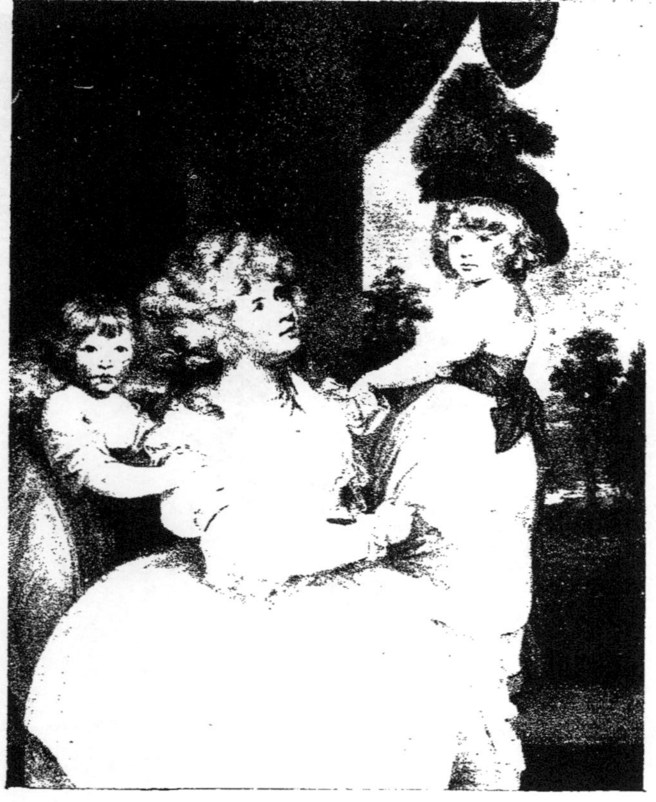

N° 75 du Catalogue.

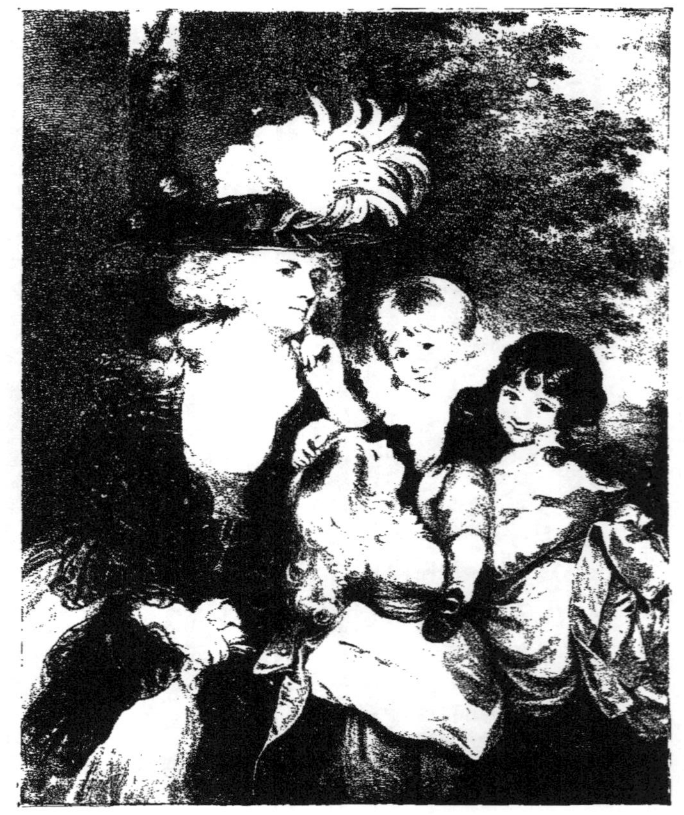

N° 75 du Catalogue.

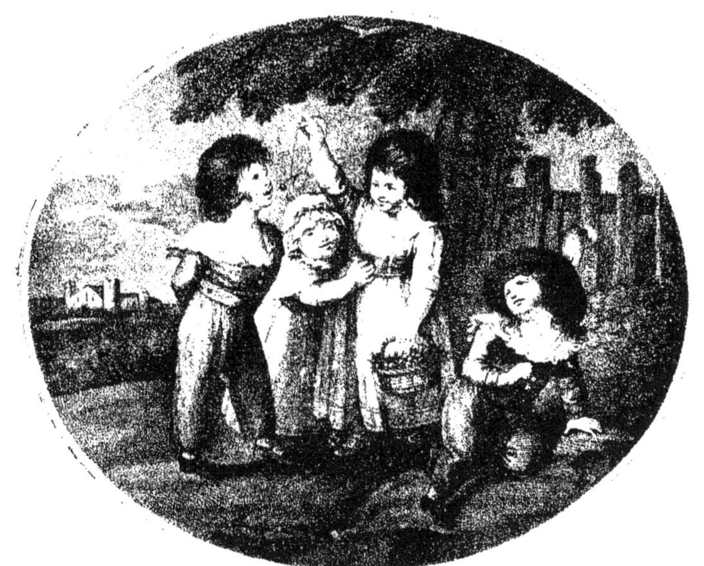

N° 45 du Catalogue.

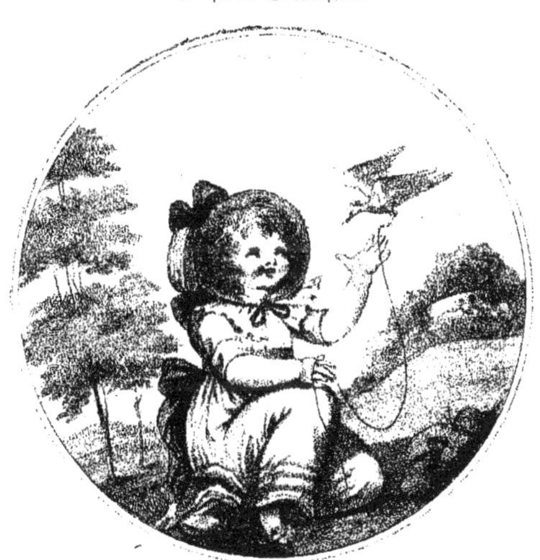

N° 46 du Catalogue.

61. La Comparaison, par F. Janinet (12).
Superbe et très rare épreuve du 1er état, *avant toute lettre, imprimée en couleurs.*

62. La même estampe.
Superbe épreuve *imprimée en couleurs* (petites marges).

63. L'Indiscrétion, par F. Janinet (30).
Très belle épreuve *imprimée en couleurs,* remmargée (petites épidermures).

64. Les Offres séduisantes, par J. L. Delignon (43).
Très belle épreuve.

65. La Soubrette confidente, par G. Vidal (61).
Belle épreuve.

66. Les Petits Favoris, pièce appelée par M. Bocher: *Le Joli chien* (app. 4).
Très belle épreuve *imprimée en couleurs.* Fort rare.

LEVACHEZ (à Paris chez)

67. Louis XVI et Marie-Antoinette. Petite pièce de forme ronde.
Très belle épreuve *imprimée en couleurs* et rehaussée.

MOREAU LE JEUNE (d'après J. M.)

68. Arrivée de la Reine Marie-Antoinette à l'Hôtel-de-Ville, 1783 (E. B. 202).
Très belle épreuve *avant la lettre.* Cadre ancien en bois sculpté Louis XVI.

69. La Dame du Palais de la Reine, par P. A. Martini, 1777.
Très belle épreuve *avant la lettre.*

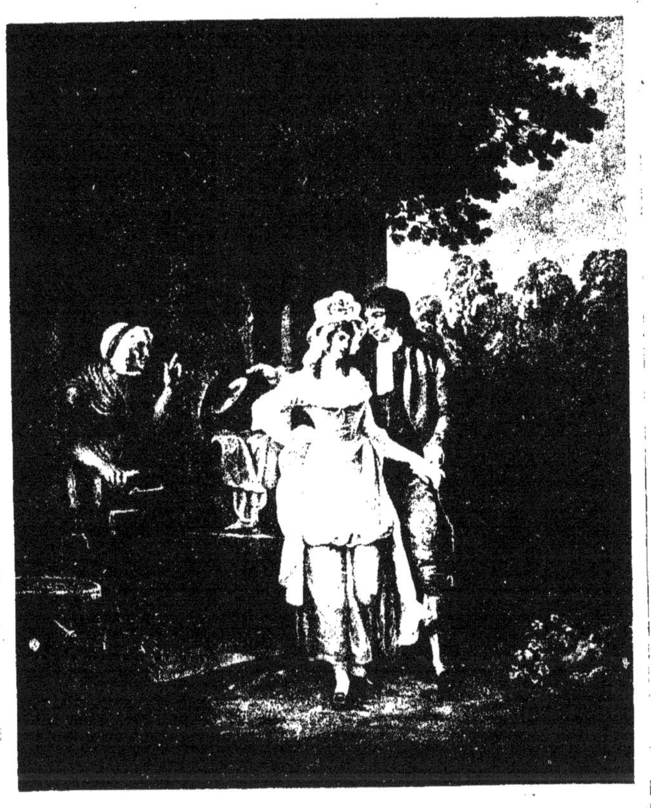

N° 94 du Catalogue.

MORLAND (d'après G.)

70. *Morning or the Benevolent Sportman — Evening or the Sportsman's Return.* Deux pièces par J. Grozer, 1795, se faisant pendants.
Superbes épreuves *imprimées en couleurs* (sans marges sur trois côtés).

71. *The Farmer's Stable — The Sportsman's Return.* Deux pièces par W. Ward, se faisant pendants.
Très belles épreuves *imprimées en couleurs* (légères restaurations).

72. *The Farmer's Door*, par B. Duterreau, 1799.
Très belle épreuve *imprimée en couleurs* et rehaussée.

NORTHCOTE (d'après James)

73. Petite Fruitière Anglaise — Petite Laitière Anglaise. Deux pièces in-fol. de formes ovales, par T. Gaugain, se faisant pendants.
Belles épreuves *imprimées en couleurs.*

74. *A Young Lady encouraging the Low comedian*, par W. Ward.
Très belle épreuve *coloriée.*

REYNOLDS (d'après Sir Joshua)

75. Harrington (Jane, Counstess of), lord Petersham et Lincoln Stanhope.
Smith (Lady) and Children.
Deux pièces se faisant pendants.
Très belles épreuves *imprimées en couleurs*, remmargées.

76. Pelham Clinton (Lady Catharine), par J. R. Smith, 1783.
Très belle épreuve.

77. Simplicity, par F. Bartolozzi.
Très belle épreuve *imprimée en bistre* (la marge coupée au-dessus du titre).

78. Springhtliness, par F. Bartolozzi, 1789.
Epreuve *imprimée en couleurs* (petites écorchures).

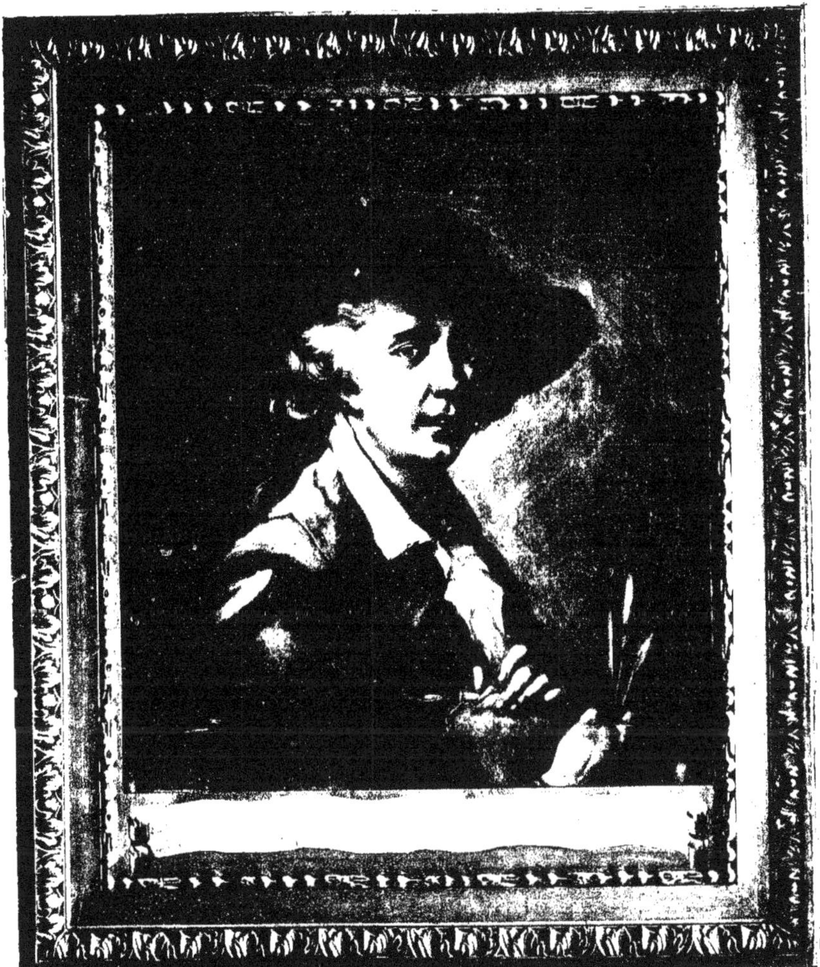

N° 57 du Catalogue.

79. *The Affectionate Brothers*, par F. Bartolozzi.
Belle épreuve *imprimée en couleurs.*

80. *The Honourable Miss Bingham — The R[t] Honble Countess Spencer.* Deux pièces, par F. Bonnefoy, se faisant pendants.
Belles épreuves, *imprimées en couleurs.*

SAINT-AUBIN (d'après Aug. de)

81. La Jardinière — La Savonneuse. Deux pièces par Julien et Morret, se faisant pendants.
Très belles épreuves *imprimées en couleurs* (une sans marge, la seconde filet de marge), petite cassure à une pièce.

82. La Tendresse Maternelle — L'Heureux Ménage — La Sollicitude Maternelle — L'Heureuse Mère. Suite de quatre pièces par Sergent, Gautier et Phelipaux.
Très belles épreuves *imprimées en couleurs.*

SMITH (John-Raphaël)

83. *The Promenade at Carlisle House*, 1781.
Magnifique épreuve, à la *lettre grise*. Très rare.

84. *Contemplating the Picture.*
Belle épreuve, *coloriée.*

85. Galles (Georges, P[ce] de), d'apr. Th. Gainsborough, 1783.
Belle épreuve, *coloriée* (petites restaurations).

TAUNAY (d'après)

86. La Foire de village — La Noce de village — La Rixe — Le Tambourin. Suite de quatre pièces par C. M. Descourtis.
Très belles épreuves *imprimées en couleurs* (les 2 premières *avec les armes*) — (petites restaurations dans les marges à 2 pl.).

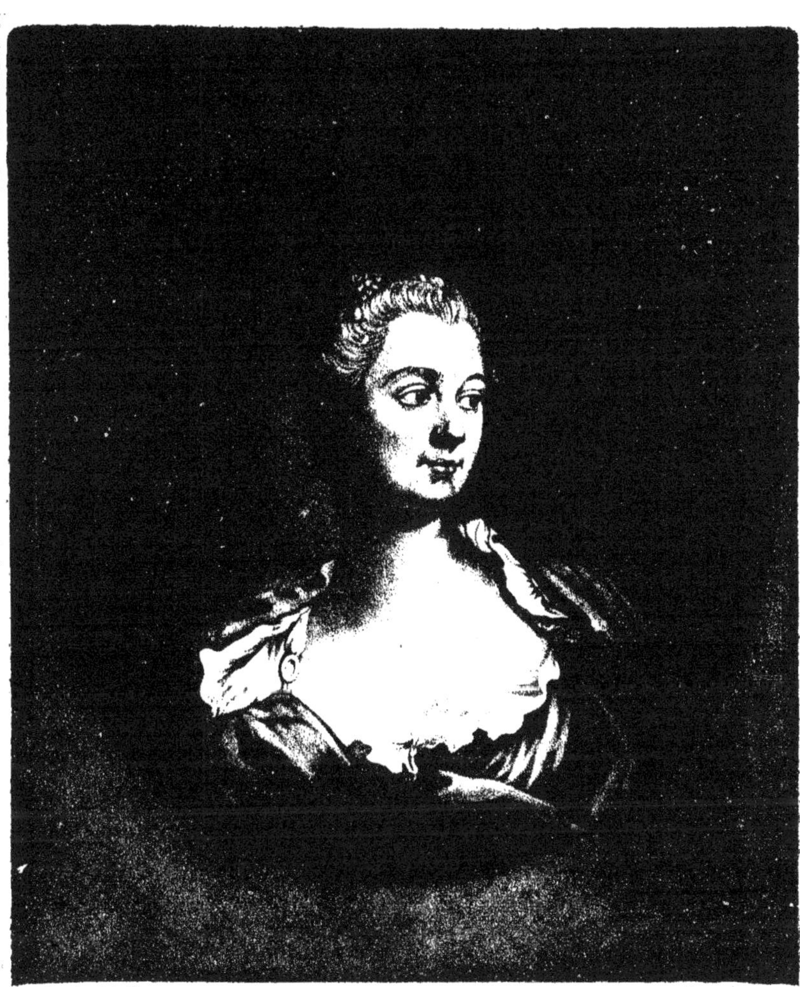

F. Boucher pinx.t — J. Watson fec.t

N° 88 du Catalogue

VAN GORP (d'après)

87. *Ah! qu'il est joli!*, par Malles.
Belle épreuve *imprimée en couleurs*, remmargée.

WATSON (James)

88. Pompadour (Mme la Mise de), d'après F. Boucher.
Superbe épreuve *avant la lettre*, avec essais d'aquatinte et de roulette en marge. Cadre ancien Louis XVI.

WATTEAU (d'après Ant.)

89. Les Agréments de l'Été, par Joullain (E. de G. 100).
Superbe épreuve.

90. La Troupe Italienne en vacances, par P. Mercier (72). Très belle épreuve.

WESTALL (d'après R.)

91. Harvest Scène, les Moissonneurs — Hay Makers in a Strom, Faneurs pendant l'orage. Deux pièces par C. Knight 1798-1799, se faisant pendants.
Très belles épreuves *imprimées en couleurs*.

92. *The Birds Nest*, le Nid d'oiseaux — *Fishing Party*, Partie de Pêche. Deux pièces par C. Knight, se faisant pendants.
Superbes épreuves *imprimées en couleurs*.

WHEATLEY (d'après)

93. *The Disaster*, par W. Ward, 1789.
Très belle épreuve *imprimée en couleurs*, sans marges sur trois côtés (piqûres de vers).

94. *The Fairings — Setting out to the Fair*. Deux pièces par J. Eginton, 1792, se faisant pendants.
Très belles épreuves *imprimées en couleurs*.

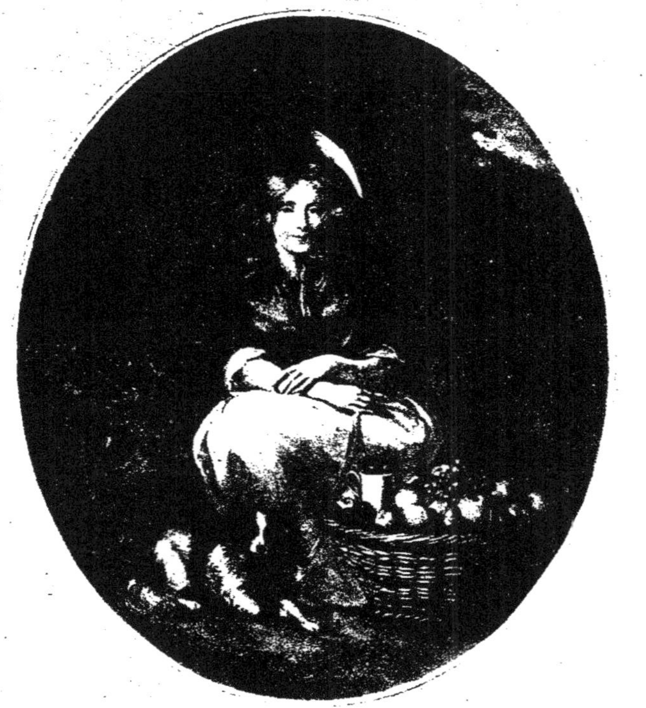

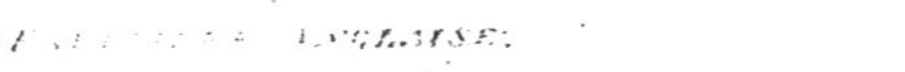

N° 73 du Catalogue.

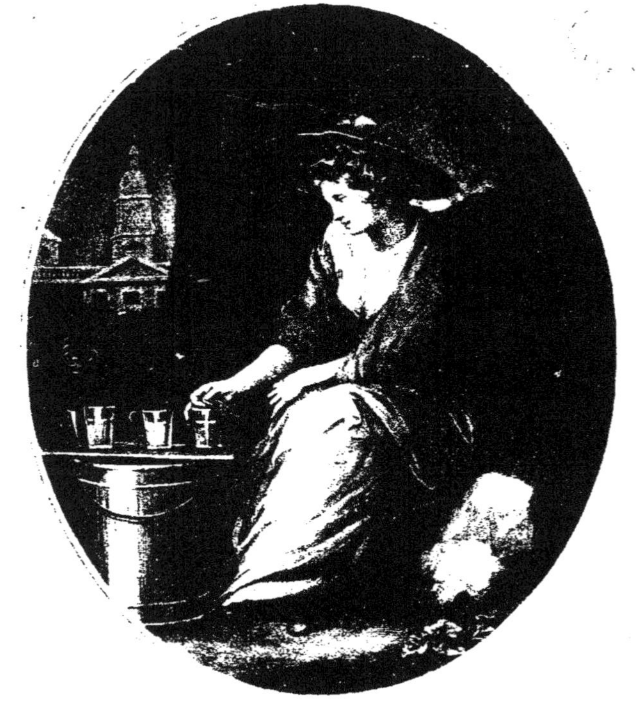

N° 73 du Catalogue.

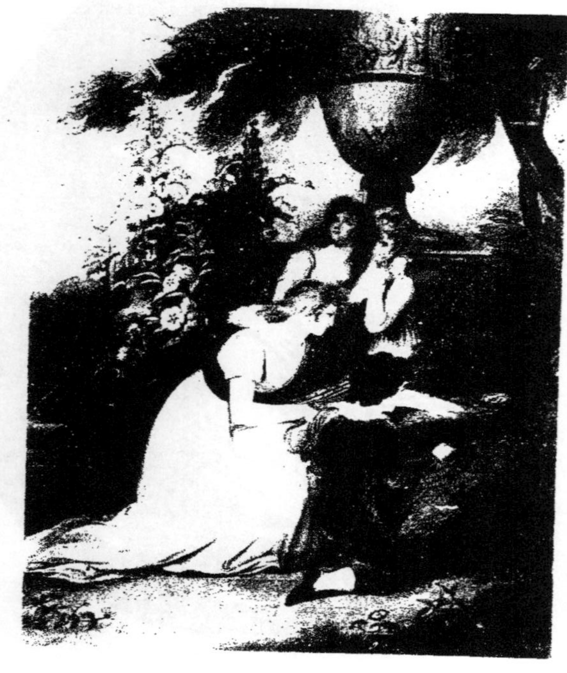

N° 92 du Catalogue.

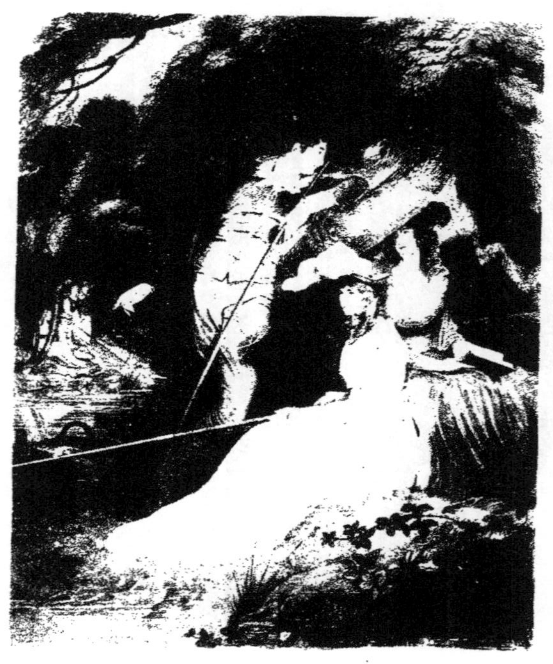

N° 92 du Catalogue.

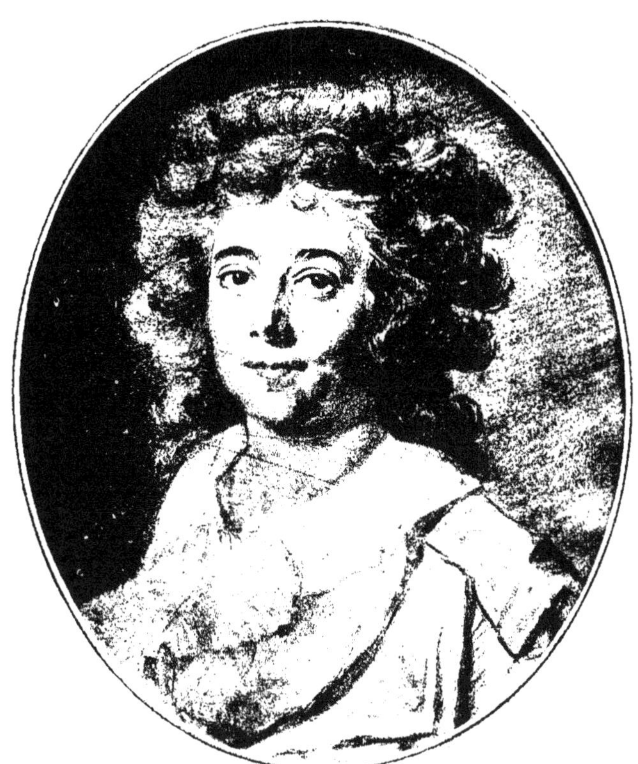

N° 107 du Catalogue.

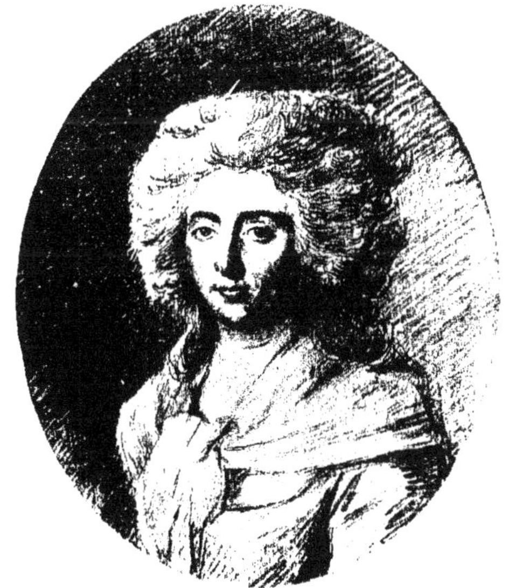

N° 109 du Catalogue.

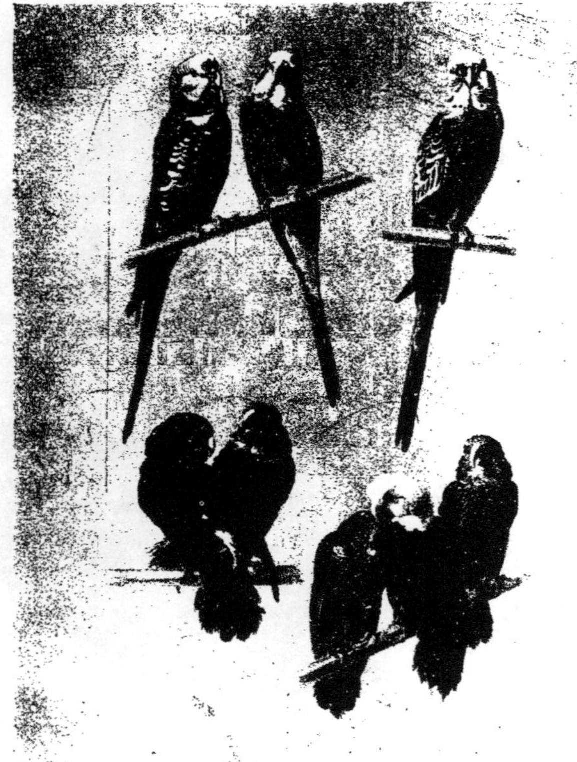

N° 115 du Catalogue.

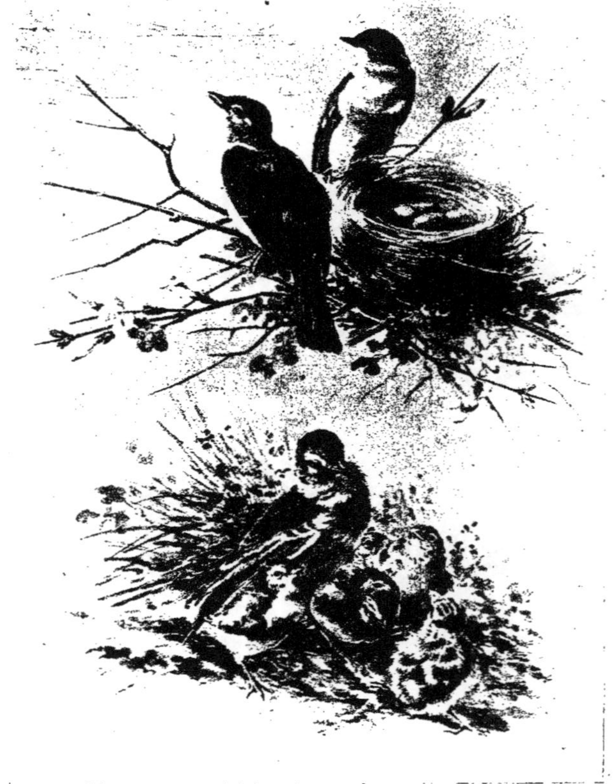

N° 117 du Catalogue.

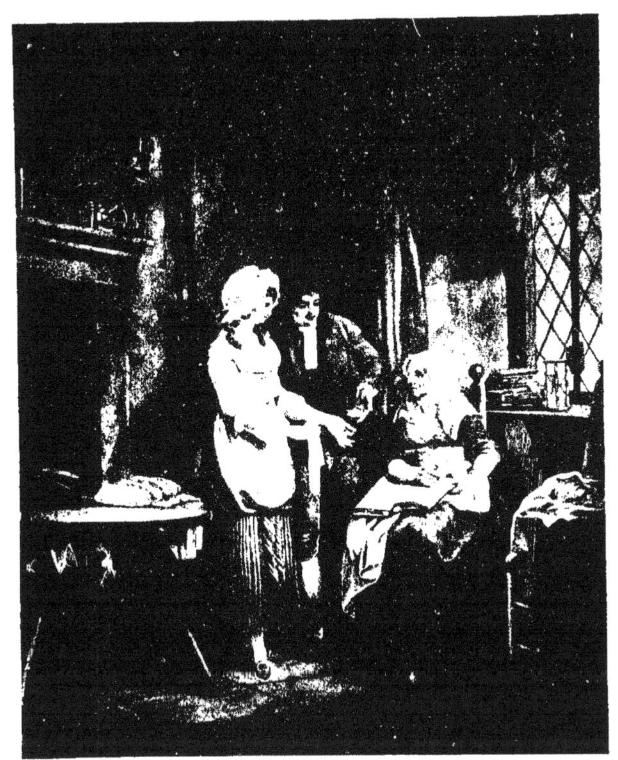

N° 94 du Catalogue.

95. *The School Mistress*, par J. Cotes, 1794.
Superbe épreuve *imprimée en couleurs.*

96. *Hot spice ginger bread, smoking*, par Vendramini.
Très belle épreuve *imprimée en couleurs*, remmargée.

97. *Kenives, scissors and rasors to grind*, par Vendramini.
Très belle épreuve *imprimée en couleurs.*

98. *Round and Sound five pence a pond of Duke Sherries*, par A. Cardon.
Très belle épreuve, *imprimée en couleurs*, remmargée.

99. *Sweet china oranger, sweet china*, par L. Schiavonetti.
Très belle épreuve, *imprimée en couleurs*, remmargée.

100. *To His Grace the Duke of Newcastle this Print of the Return from Shooting*, par F. Bartolozzi, 1792.
Très belle épreuve, *imprimée en couleurs.*

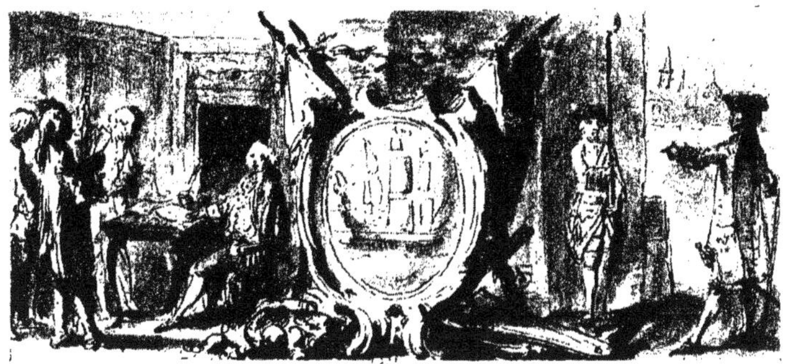

N° 138 du Catalogue

AQUARELLES, DESSINS, etc.

BOUCHER (F.)

101. Jeune Fille de profil, en buste, une rose dans les cheveux.
A la pierre noire, avec légers rehauts. Signé.
Montage ancien F R.

CARESME (attribué à Ph.)

102. Bacchantes et satyres, 1780.
Gouache signée et datée.
Cadre ancien Louis XVI.

H., 0.215. L., 0.275.

CHARLET (N. T.)

103. L'École de Village.
Aquarelle rehaussée de gouache, *signée*.

H., 0.280. L., 0.360.

COCHIN FILS (Ch. Nicolas)

104. Portrait de femme en buste, tournée de trois quarts à droite.
Beau dessin au crayon noir, signé : *C. N. Cochin f. delin. 1787.*
H., 0.170. L., 0.110.

105. Portrait de Femme, en buste, de profil à gauche.
Mine de plomb, légèrement rehaussée.
Diam., 0.115.

DANLOUX (H. P.)

106. « Le Sr Camermon, natif de Lyon, décédé à Commercy, mary en première noce de Dame Madeleine Bon. »
Mine de plomb et crayon noir, avec rehauts d'aquarelle et de gouache.
H., 0.155. L., 0.130.

107. « Dame Madeleine Bon vivante épouse de Me Jean Bonnet notaire à Bar.... »
Crayon noir et lavis, rehauts d'aquarelle et de gouache.
H., 0.155. L., 0.130.

108. Portrait de jeune Femme, parente de Dame Madeleine Bon.
Au crayon noir, rehauts d'aquarelle.
H., 0.160. L., 0.130.

109. Portrait de Femme, tante de Dame Madeleine Bon.
Mine de plomb, rehauts de gouache.
H., 0.165. L., 0.130.

DAUMIER (Honoré)

110. Têtes d'expression.
Plume et crayon noir avec rehauts. Signé des initiales.
H., 0.120. L., 0.145.

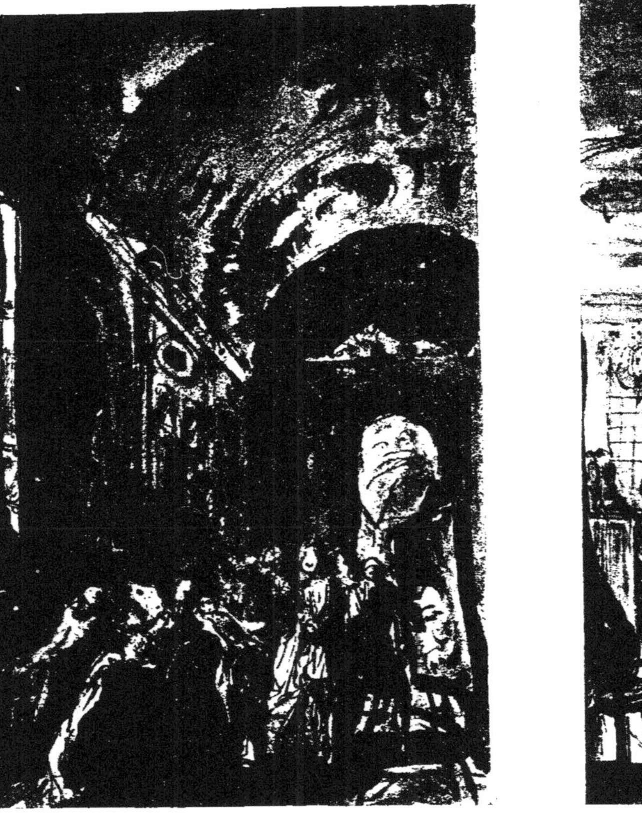

N° 135 du Catalogue.

N° 134 du Catalogue.

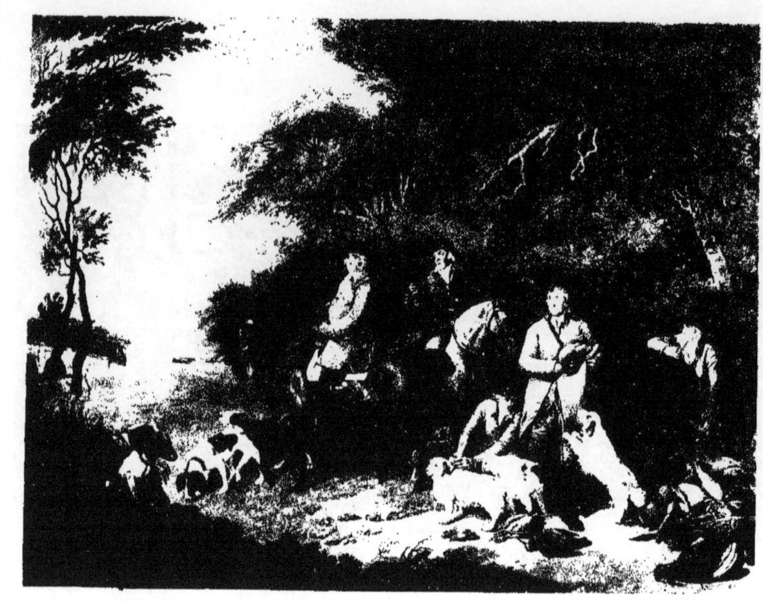

N° 100 du Catalogue.

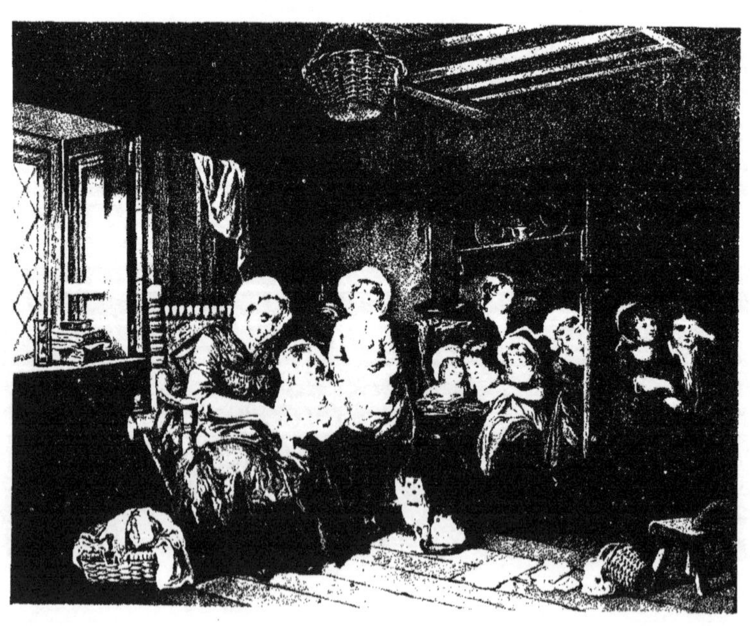

N° 95 du Catalogue.

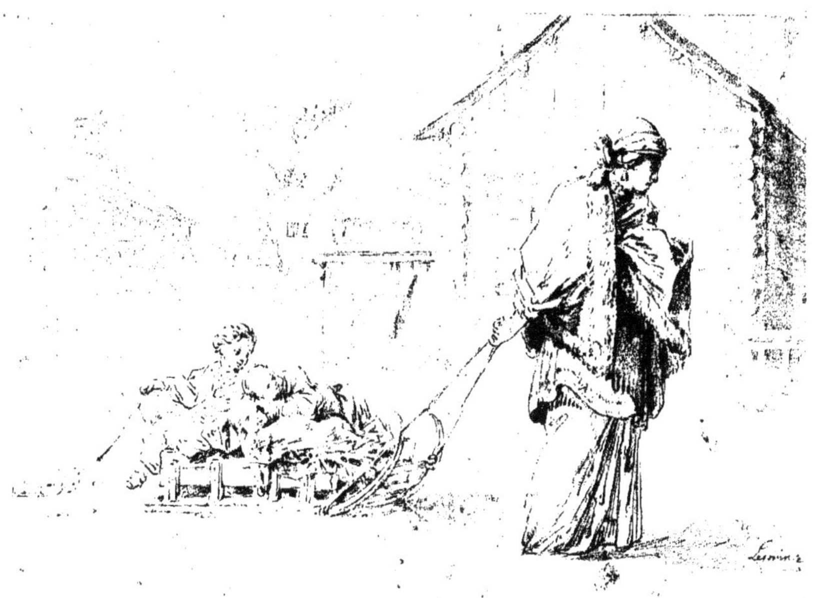

N° 126 du Catalogue.

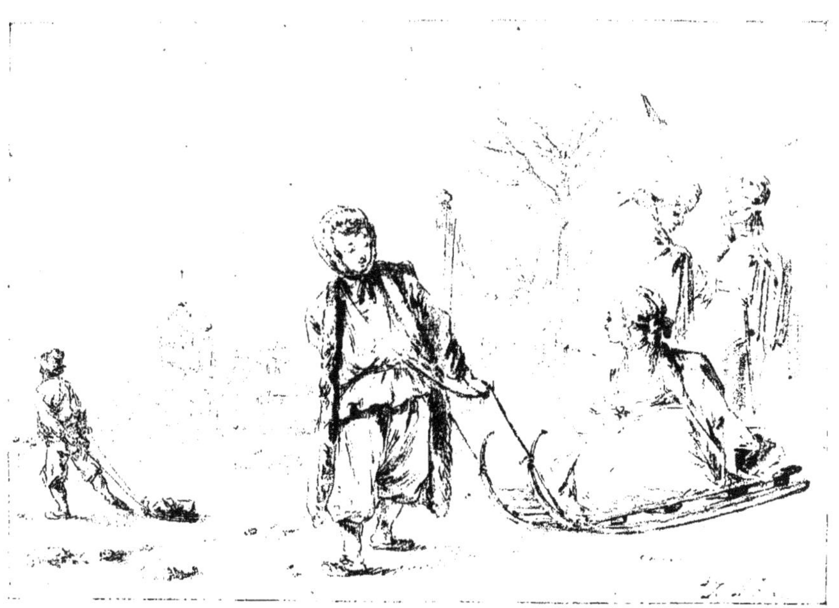

N° 127 du Catalogue.

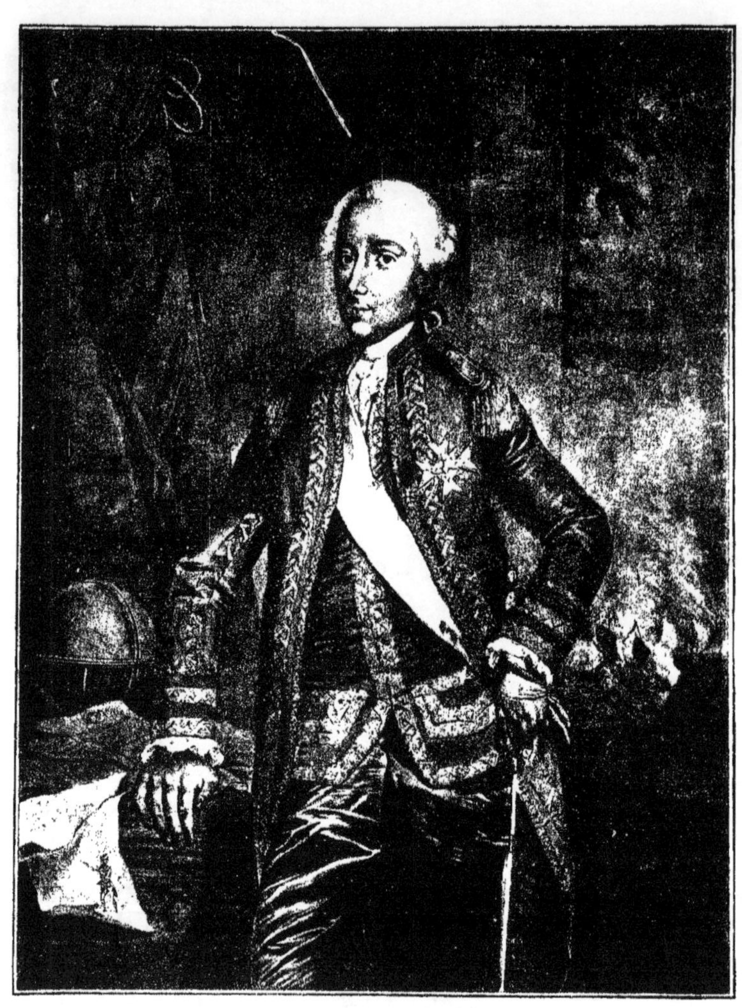

N° 13 du Catalogue.

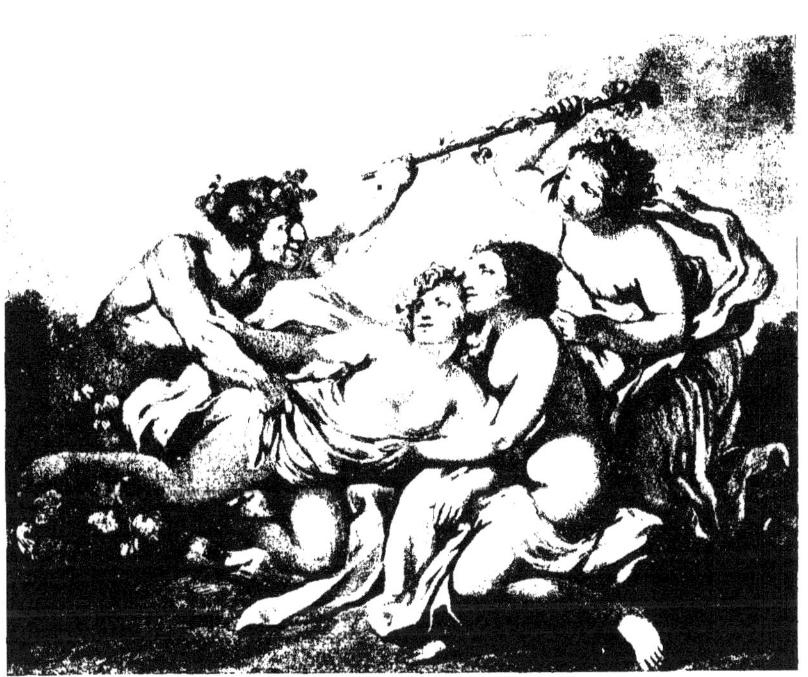

N° 152 du Catalogue.

ECOLE FRANÇAISE (xviiie siècle)

111. Offrande à Vénus — Prologue de Psyché.
Deux dessins à la plume, lavés d'aquarelle, se faisant pendants.

H., 0.155. L., 0.115.

112. Portrait d'Homme, en buste, de face.
Esquisse peinte.

H., 0.370. L., 0.310.

FREUDENBERG (S.)

113. La Déclaration — Le Mariage.
Deux projets de vignettes, un signé.
Encre de chine.

H., 0.130. L., 0.075.

GIACOMELLI (Hector)

114. Grive, Sansonnet et Bergeronnette.
Aquarelle, signée (vers 1872).

H., 0,340. L., 0240.

115. Perruches.
Aquarelle, signée (vers 1872).

H., 0.340. L., 0.240.

116. Canaris et Mulets.
Aquarelle, signée (vers 1872).

H., 0.340. L., 0.240.

117. Fauvettes et Cailles.
Aquarelle, signée (vers 1872).

H , 0.340. L., 0.240.

GILLOT (Claude)

118. Représentation théâtrale.
Beau dessin à la plume, lavé de sépia.

H., 0.195. L., 0.265.

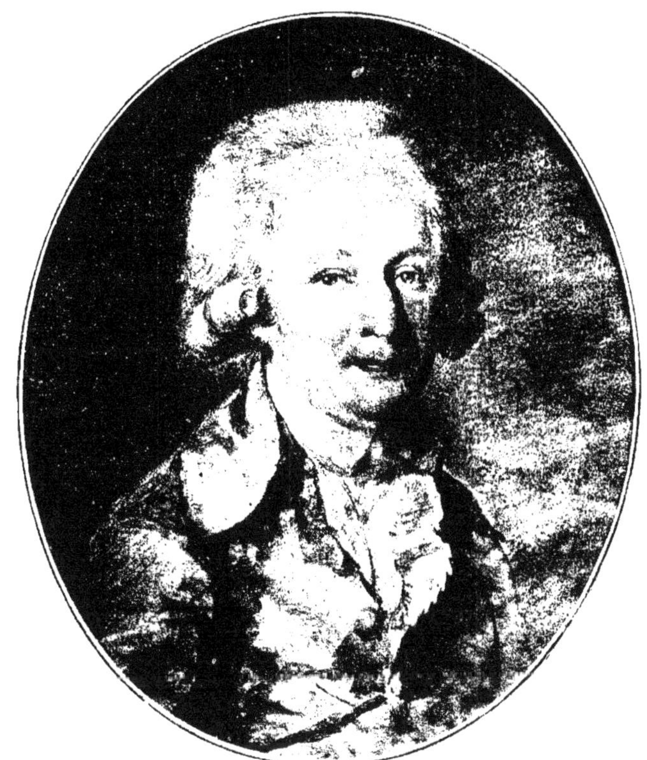

N° 106 du Catalogue.

GUARDI (attribué à)

119. Environs de Venise. Quatre dessins à la plume lavés d'encre de chine (sous le même cadre).

INGOUF LE JEUNE (F. R)

120. Portrait de Femme en buste, de profil à gauche. Mine de plomb. Signé : *J. I. del. 1786.* De forme ovale.

H., 0.115. L., 0.095.

121. Portrait d'officier, en buste, tourné de profil à droite.
Mine de plomb. Signé : *Ingouf Jun. Del. 1790.*
H., 0.115. L., 0.095.

KAUFFMANN (Angélica)

122. Angélique et Médor.
Crayon noir rehaussé d'aquarelle. A été gravé.
H., 0.200. L., 0.165.

LAGNEAU

123. Portrait d'Homme, de face.
Crayon de couleurs.
H., 0.400. L., 0.270.

LANCRET (Nicolas)

124. Etude de femme assise.
Sanguine.
H., 0.140. L., 0.100

LAVREINCE (d'après Nicolas)

125. Le Colin-Maillard, composition connue par l'estampe de Le Cœur.
Gouache de forme ronde.
Cadre ancien en bois sculpté et doré Louis XVI.
Diam. 0.310.

LE PRINCE (Jean-Baptiste)

126. La Promenade en hiver, scène russe.
Plume et lavis d'encre de chine. Signé.
A été gravé.
H., 0.160. L., 0.225.

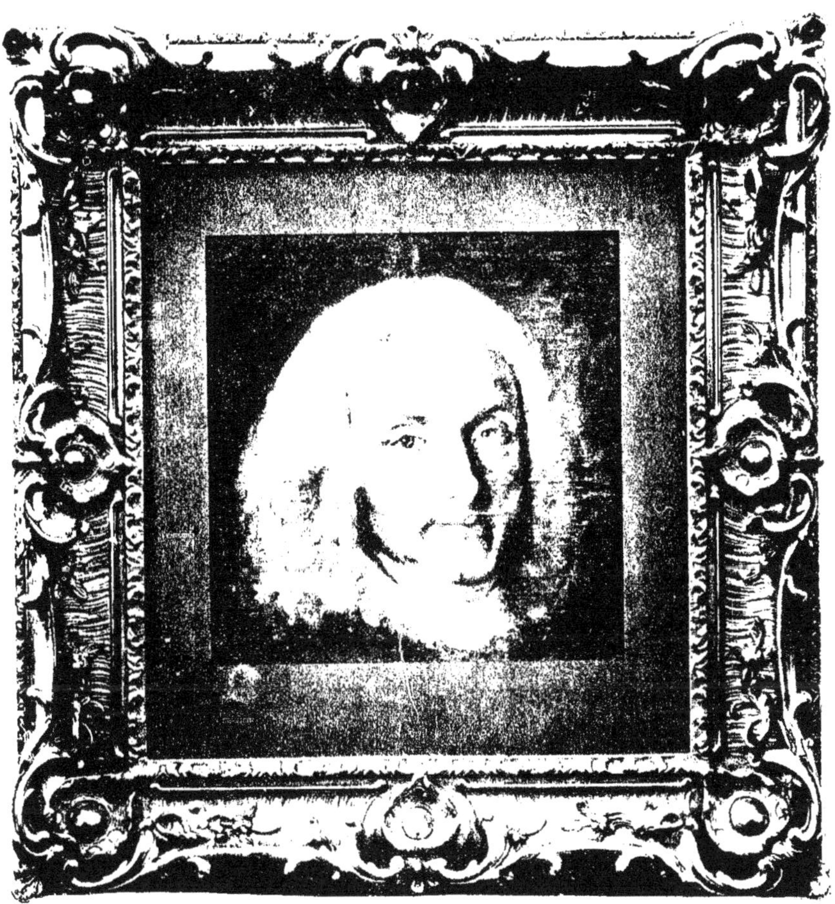

N° 112 du Catalogue.

127. La Complaisance, scène russe.
Plume et lavis d'encre de chine. Signé et daté : 1750.

H., 0.160. L., 0.230.

PERNET (attribué à)

128. Paysages avec ruines.
Deux importantes aquarelles se faisant pendants.

H., 0.310. L., 0.470.

PICART (Bernard)

129. La Collation — Le Concert.
Deux aquarelles de formes ovales se faisant pendants.

H., 0.105. L., 0.130.

PORTAIL (J. A)

130. Etude de deux Personnages.
Pierre noire et sanguine.

H., 0.160. L., 0.185.

RAFFET (Auguste)

131. Pulcinella, marionnette (*Le Premier acteur de Rome*).
Aquarelle signée et datée : 1840.
(N° 146, vente de l'atelier de l'artiste).

H., 0.300. L., 0.220.

132. Arabe de la Province de Constantine, de dos.
Mine de plomb, rehaussé d'aquarelle. Signé.
(N° 223, vente de l'atelier de l'artiste).

H., 0.2[illegible]0. L., 0.145.

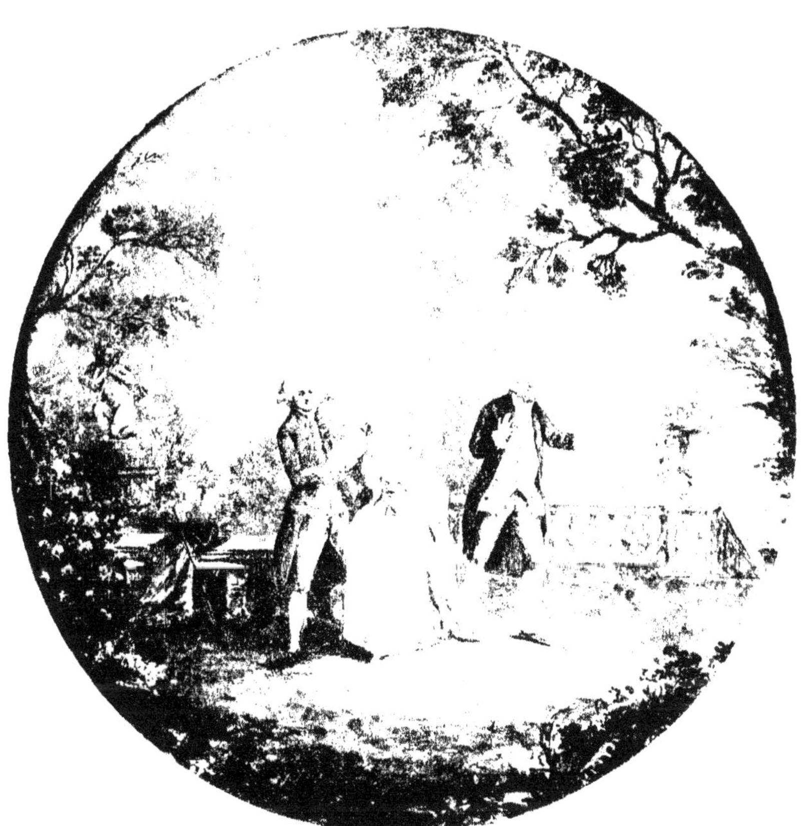

N° 125 du Catalogue.

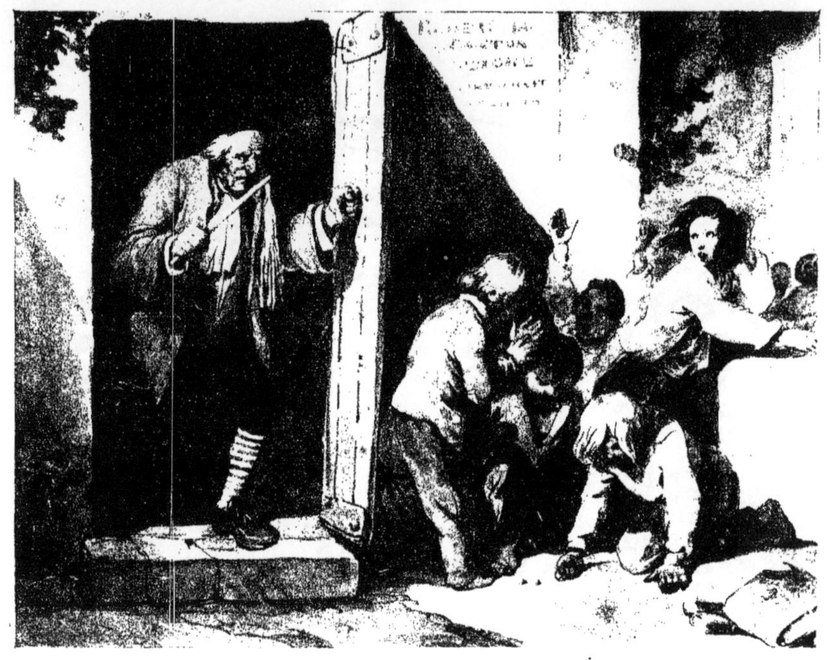

N° 103 du Catalogue.

ROBERT (Hubert)

133. L'Abreuvoir.

Dessin aquarellé. Signé. Collection du Prince Repnine.

H., 0.200. L., 0.205.

SAINT-AUBIN (Gabriel de)

134. Projet de frontispice pour un Cabinet d'Histoire naturelle.

Beau croquis à la plume, lavé d'encre de chine.

H., 0.120. L., 0.085.

135. Les Amateurs dans une Galerie.
Charmant croquis à la plume, lavé de sépia.

H., 0.120. L., 0.080.

136. Allégorie sur l'Hymen.
Beau croquis à la plume, lavé de carmin et d'encre de chine.

H., 0.120. L., 0.085.

137. Allégorie relative à un Mariage.
Beau croquis à la plume, lavé de carmin et d'encre de chine.

H., 0.130. L., 0.090.

138. Projet d'En-tête pour un ouvrage militaire.
Plume, lavé d'encre de chine et de sépia.

H., 0.050. L., 0.115.

IMPRIMERIE

FRAZIER-SOYE

153-157, Rue Montmartre

PARIS

www.ingramcontent.com/pod-product-compliance
Ingram Content Group UK Ltd.
Pitfield, Milton Keynes, MK11 3LW, UK
UKHW020437180726
13839UKWH00004B/1528

9 782329 524665